Pensarme en tu piel

Pensarme
en tu piel

Juan Francisco Santana Domínguez

EDICIONES
Aguere

Colección dirigida por: Ánghel Morales
García Directora de arte: Sara Hernández
Maquetación: Marina Zambrana

Pensarme en tu piel

Primera edición: 2024
© De la edición:
Ediciones Idea, 2024
Ediciones Aguere, 2024
© Del prólogo:
Krzyzto Dyosz Daddho
© Del comentario:
Samuel Ancajima Mena
© Del texto:
Juan Francisco Santana Domínguez
© De la foto de portada:
Eduardo Andaluz

Ediciones Idea
• San Clemente, 24 Edif. El Pilar
38002, Santa Cruz de Tenerife.
Tel.: 922 532 150
Fax: 922 286 062

• León y Castillo, 39 - 4º B
35003 Las Palmas de Gran Canaria
Tel.: 928 373637 - 928 381827
Fax: 928 382196
correo@edicionesidea.com
www.edicionesidea.com

Ediciones Aguere
• Tribulaciones, 23
38001, Santa Cruz de Tenerife.
Tel.: 922 288 724 / 676 863 442
nacioncanaria@hotmail.es

Fotomecánica e impresión: Gráficas Tenerife, S.A.
Impreso en España - *Printed in Spain*
ISBN: 978-84-19681-96-6
Depósito Legal: TF 166-2024

PRÓLOGO

En el panorama literario contemporáneo de las Islas Canarias, cuna de poetas y escritores notables, Juan Francisco Santana Domínguez se destaca como una figura relevante. Originario de Gran Canaria, no sólo es un hombre prolífico en literatura sino también un historiador y académico destacado, cuya contribución a la literatura y la investigación histórica está dejando una marca indeleble en las letras de esta región y más allá de sus fronteras, para beneplácito de las letras españolas.

La literatura de las Islas Canarias, en su diversidad y riqueza, demuestra ser un campo fértil donde brotan las voces de autores comprometidos con su tierra y su identidad. Uno de ellos, cuyo talento y dedicación se destacan, es Juan Francisco Santana Domínguez, un incansable escritor, poeta, narrador e investigador. Sus escritos, impregnados de la esencia de esta tierra, revelan una profunda conexión con su entorno, su cultura y su gente. A través de su poesía y su investigación histórica ha arrojado luz sobre los rincones menos conocidos de esta isla, revelando historias olvidadas y voces silenciadas.

Además de sus logros académicos es un prolífico escritor y poeta. A lo largo de su carrera ha publicado numerosas obras que exploran diversos aspectos de la historia, la cultura y la identidad de Gran Canaria. Entre ellas, destacan títulos como *Historia del Municipio de San Lorenzo de Tamaraceite: Recuperando la memoria histórica*; y *Pino Ojeda: Pintora, Poeta*, una biografía que rinde homenaje a una figura destacada de las artes canarias. También ha incursionado en la narrativa con novelas como *Toby* y *Dafy y Dédalo. Amar infinito*.

En su nuevo poemario, *Pensarme en tu piel*, nos invita a adentrarnos en su mundo poético. A través de cincuenta poemas, el autor explora las complejidades del amor, la memoria, la nostalgia y la búsqueda de la identidad. Cada poema es una ventana que se abre a las emociones más profundas del autor y su estilo lírico cautiva al lector, llevándolo a reflexionar sobre la vida y sus misterios en un viaje poético a través de las emociones humanas. Con una paleta de palabras rica y evocadora nos invita a explorar la complejidad de la experiencia humana, desde los momentos de pasión y éxtasis hasta la melancolía y la reflexión. Este poemario es una ventana a su mundo interior, una mirada a su alma desnuda y sus pensamientos más profundos.

La obra de Santana Domínguez contribuye con una voz fresca y reflexiva que resuena con las preocupaciones y las pasiones de su tierra natal. A lo largo de su carrera, Santana Domínguez ha demostrado su capacidad para abordar temas universales con un enfoque único y personal. Su poesía es un reflejo de su profundo conocimiento de la historia y la cultura de Gran Canaria, así como de su sensibilidad hacia las luchas y los triunfos de la condición humana.

En el contexto de la literatura hispanoamericana actual autores como Santana Domínguez contribuyen a enriquecer este panorama. Descubrimos también cómo su identidad como escritor y académico se entrelaza con la rica tradición literaria de Canarias y su impacto en el contexto más amplio de la literatura hispanoamericana.

En *Pensarme en tu Piel* Juan Francisco Santana Domínguez nos sumerge en una búsqueda incesante del lenguaje poético, donde encontramos una sinfonía de versos que nos transportan a un mundo donde las emociones, la nostalgia y el amor se entrelazan en una danza melódica que acaricia los sentidos. Los cincuenta poemas que componen este poemario son como piezas de un rompecabezas, cada una única en su esencia, pero contribuyendo al todo de una manera profunda y significativa. Estos versos, como hilos de pensamiento, nos invitan a adentrarnos en la mente del autor y descubrir sus reflexiones, sueños y anhelos. Desde los primeros versos el poeta nos sumerge en un viaje introspectivo donde se convierte en protagonista y observador a la vez.

El «Poema I» es una expresión poética que aborda temas como la nostalgia, el deseo no correspondido y la reflexión sobre el paso del tiempo. El poema comienza con una imagen evocadora de la naturaleza, utilizando metáforas como: fauces de barrancos y cauce humedecido; para describir la escena nocturna.

El «Poema III» es una reflexión sobre la libertad y la búsqueda de sentido en medio de la confusión y la indiferencia. El poema comienza con una imagen evocadora del ser del poeta, personificado como libre albedrío que lucha contra un entorno hostil, simbolizado por el oleaje que sodomizaba a la playa. Esta imagen contrasta la lucha interna del poeta con la aparente indiferencia y crueldad del mundo exterior. El poema continúa con una exploración de la confusión y la falta de sentido en medio de esta lucha, utilizando metáforas como tanta ignominia; tanta sinrazón enmascarada; y abstruso mar para describir la complejidad y el caos del entorno. El poeta se siente perdido y desorientado, incapaz de entender el mutismo que empareda el corrosivo silencio irreverente.

El «Poema V» es una exploración poética de la naturaleza humana y las emociones asociadas con el amor y la nostalgia. El poema comienza con una metáfora poderosa que describe al poeta como una humedecida nube que se siente al mirar a los ojos de su amado, buscando conexión y consuelo en la intimidad compartida durante las noches. El poema continúa explorando imágenes de la naturaleza, como lágrimas de piedra y picón caprichoso, que se transforman y se secan con la llegada de la vergüenza. Estas imágenes reflejan la fragilidad y la vulnerabilidad de las emociones humanas, así como la efímera naturaleza de las experiencias compartidas.

El «Poema VII» es una reflexión poética sobre el encuentro con la inspiración y la belleza del momento presente. Comienza con una imagen evocadora del encuentro del poeta con alguien en el borde del instante interminable de las horas de la madrugada, simbolizando un momento de quietud y reflexión profunda. Continúa describiendo como el poeta observa a esta persona, que está inmersa en sus pensamientos y dudas, mientras todo a su alrededor está envuelto en silencio y hojas de almanaques con días que no se marcaron. Esta imagen transmite una sensación de nostalgia y efímera belleza del momento presente.

El «Poema X» nos habla de la necesidad de explorar el ser interior, de desentrañar los misterios de la propia existencia. Con frases como mi ser se convierte en avidez de indagación. El autor nos incita a mirar hacia adentro, a cuestionar y a descubrir las múltiples capas de nuestra propia identidad.

En el «Poema XIII» nos muestra su profunda conexión con la naturaleza y su habilidad para extraer inspiración de su entorno cuando dice: Bajo la luna de enero, danzando a la sombra de los eucaliptos donde nos transporta a un escenario mágico donde la luna y los árboles se convierten en testigos de su diálogo con el mundo natural. Estos versos nos recuerdan la importancia de mantener un vínculo espiritual con la naturaleza, de encontrar belleza en los detalles más simples. El hilo conductor de estos poemas es la búsqueda constante de la identidad, la conexión con el entorno y la exploración de las emociones humanas.

En el «Poema XXV», el poeta reflexiona sobre la nostalgia y el paso del tiempo:

Nostalgia sin partidas
lo que hoy, precisamente, tanto se echa de menos.

Estas palabras capturan la esencia de la melancolía, el anhelo de revivir momentos pasados y la comprensión de que algunas experiencias son irrepetibles.

En el «Poema XXX» se nos muestra su amor por la literatura y la filosofía y como estas disciplinas han influido en su pensamiento y creación; «Quise probar el aliento de tu rebelde albedrío» es una declaración de su deseo de comprender la profundidad de la existencia a través de la lectura y el aprendizaje continuo.

Cada poema es un destello de su alma, una exploración de las complejidades de la vida y el amor. A medida que avanzamos en este viaje literario descubrimos más capas de su identidad y nos dejamos llevar por la belleza de sus palabras. Nos encontramos con una paleta de emociones que abarca desde la melancolía hasta la pasión desbordante. Continuamos explorando algunos de los momentos más evocadores de su obra, descubriendo fragmentos de su corazón y su mente plasmados en versos.

En el «Poema XXXIV» nos invita a reflexionar sobre el paso del tiempo y el poder de la nostalgia. El autor evoca la curiosidad, la alegría y los sueños que enriquecieron su pasado, pero también reconoce las sombras de las envidias y el mal augurio. A través de estas palabras Santana Domínguez nos recuerda que el camino de la vida está marcado por luces y sombras, por momentos de dicha y desafíos inesperados.

En el «Poema XXXV», rinde un conmovedor homenaje a César Vallejo, el poeta peruano cuya voz se alza como un ejemplo de igualdad y compromiso. Este poema es un testimonio del profundo respeto y admiración del autor por aquellos que han luchado por la justicia a través de la poesía.

> Vallejiano yo me siento hambriento en busca
> de respuestas solidarias,

declara Santana Domínguez, subrayando la importancia de la poesía como voz de la conciencia social.

En el «Poema XXXVI» nos lleva a un momento de encuentro entre el autor y la literatura. El poeta explora su deseo de absorber la sabiduría de las palabras impresas y de redefinirse a través de la influencia de autores que han dejado una huella indeleble en su vida;

> es la voluntad nietzscheana
> la que me invita a beber
> en tus más íntimas fuentes;

escribe revelando su búsqueda constante de inspiración en la filosofía y la literatura.

Las rupturas y el dolor se hacen palpables en el «Poema XXXVII». El poeta reflexiona sobre el sufrimiento que causa la traición y cómo la sangre compartida puede volverse veneno. «¡Cómo duelen las roturas!»; lamenta Santana Domínguez y sus palabras nos transportan al abismo de la decepción y la traición, recordándonos la fragilidad de las relaciones humanas.

En el «Poema XXXVIII» nos sumerge en el poder de la escritura y la memoria. El autor explora la idea de como las palabras en las páginas de un libro pueden perdurar a lo largo del tiempo y conectarnos con aquellos que nos precedieron; haciendo de la espera una aventura, sugiere que la literatura no sólo es una forma de comunicación sino también una fuente de consuelo y compañía en los momentos de soledad.

Estos fragmentos seleccionados nos permiten adentrarnos en la mente creativa de Juan Francisco Santana Domínguez y experimentar las emociones y reflexiones que ha tejido en su obra. A medida que vamos avanzando exploramos las profundidades de su poesía y descubrimos más facetas de su visión artística y literaria. A medida que profundizamos en *Pensarme en tu piel* nos encontramos con un universo lírico que destila sensibilidad y una búsqueda constante de significado en la experiencia humana. Continuaremos explorando su obra a través de fragmentos que capturan momentos de introspección y reflexión.

El «Poema XXXIX» es una invitación a la introspección profunda. El autor expresa su deseo de escribir con detalle sobre experiencias que sólo murmura al viento. Sus palabras evocan el anhelo de encontrar respuestas en lo más profundo de su ser mientras enfrenta la inmensidad de la vida y la inevitabilidad de la muerte:

> sólo me queda pendiente ese trazo
> y sigo buscando la forma de borrarlo,

mostrándonos la constante búsqueda de redención y comprensión.

En el «Poema XL» se adentra en el terreno de la angustia y el dolor. Utiliza una metáfora vívida para transmitir la sensación de ser atrapado y retenido por la adversidad, al igual que un canario sin alas; en manos de hambrientas rapaces. Este poema es un grito silencioso de desesperación y arrepentimiento por no haber expresado verdaderamente sus sentimientos en un momento crucial.

El «Poema XLI» nos lleva a un terreno de reflexión filosófica. El autor comparte su enfoque en el viaje de la vida, marcado por la exploración, la experiencia y el aprendizaje. Aquí se revela como un buscador de significado dispuesto a abrazar tanto los momentos luminosos como las paradas en infiernos en su camino hacia la comprensión y la realización personal.

En el «Poema XLII» nos muestra cómo la creatividad puede surgir inesperadamente. El poema comienza con la imagen de un lienzo en blanco y evoluciona hacia una explosión de imágenes y recuerdos. El autor se siente inspirado por la poesía de Simónides de Ceos y el poder de la memoria, revelando cómo la mente puede abrirse a nuevas dimensiones a través de la escritura y la imaginación.

En el «Poema XLIII» nos sumerge en la naturaleza de la amistad y el amor, reflexionando sobre la importancia de la mirada compartida, la complicidad en las madrugadas y la conexión emocional con alguien especial. A través de sus palabras, Santana Domínguez nos invita a explorar la profundidad de las relaciones humanas y la magia de los momentos compartidos.

Estos fragmentos destacados nos llevan más allá de las palabras y nos permiten adentrarnos en el mundo interior del autor, brindándonos una mirada sincera y apasionada de la experiencia humana, donde la poesía se convierte en un faro que ilumina los rincones más oscuros del alma.

Continuamos nuestro viaje a través de las palabras y emociones plasmadas en este poemario. Estos extractos seleccionados nos ofrecen una visión más profunda de su obra y su capacidad para explorar las complejidades de la existencia humana.

En el «Poema XLIV» nos sumerge en el terreno del deseo y la sensualidad. El autor se describe a sí mismo como el deseo que acaricia la piel del ser amado, una mirada que llena de anhelos y una caricia que estremece el alma. Aquí, la pasión y la intimidad se entrelazan en un lenguaje lírico y sensual que captura la esencia misma del amor y la atracción.

En el «Poema XLV» nos lleva a un lugar de contemplación y serenidad, utilizando imágenes evocadoras, como el agua que riega los Campos Elíseos, para transmitir una sensación de plenitud y bienestar. Este poema refleja su búsqueda de la armonía y el equilibrio en un mundo a menudo tumultuoso, y como el arte y la naturaleza pueden ser fuentes de inspiración y consuelo.

En el «Poema XLVI» nos sumerge en el universo de la intimidad compartida. El autor nos invita a compartir un momento de conexión profunda, donde los relojes y las preocupaciones se desvanecen en un acto de amor apasionado. El uso de metáforas creativas, como los relojes que intentan interrumpir el momento, destaca la importancia de la entrega y la devoción en el amor.

En el «Poema XLVII» nos lleva a un paisaje surrealista y reflexivo, explorando la idea de la mirada perdida en un mundo lleno de distracciones y pensamientos fugaces. La imagen de los vencejos desubicados que observan los pretiles simboliza la búsqueda de significado en un mundo caótico, donde la reflexión y la contemplación se convierten en un acto de resistencia.

En el «Poema XLVIII» nos sumerge en la memoria y la nostalgia. El autor se enfrenta a las sombras del pasado y recuerda momentos compartidos en la oscuridad. A través de imágenes evocadoras, como las huellas dejadas por los pasos en el estanque, nos muestra como los recuerdos pueden ser como ecos que persisten en el tiempo, y como la presencia de alguien puede seguir siendo palpable incluso en su ausencia.

Estos poemas seleccionados capturan la diversidad temática y emocional invitándonos a explorar los matices de la experiencia humana, desde la pasión y la sensualidad hasta la reflexión y la nostalgia. Su habilidad para tejer palabras y emociones en imágenes evocadoras hace de este poemario una obra de profunda belleza y significado.

En el «Poema L» nos sumerge en una ciénaga metafórica de incertidumbre y peso emocional. El autor utiliza una imagen poderosa para describir la sensación de estar atrapado en un lugar oscuro y perturbador. Sin embargo, a medida que avanza el poema la presencia de otra persona, la conexión con alguien que comparte su experiencia, brinda un rayo de esperanza en medio de la desolación.

A lo largo de *Pensarme en tu piel* Juan Francisco Santana Domínguez nos lleva en un viaje emocional a través de una variedad de temas y experiencias humanas. Su habilidad para tejer palabras y emociones en imágenes poéticas es evidente en cada verso. Este poemario es una obra que invita a la reflexión y la contemplación, y nos recuerda la riqueza de la poesía como forma de expresión artística.

A lo largo de la obra, encontramos una variación significativa en el tono y el estado emocional del autor. Desde los momentos de exaltación y pasión hasta los momentos de melancolía y tristeza. *Pensarme en tu piel* es un reflejo honesto de la complejidad de la experiencia humana. El autor aborda temas universales como el amor, la pérdida, la memoria y la búsqueda de significado en la vida. La estructura de la obra, dividida en 50 poemas, permite al lector sumergirse en cada uno de ellos como si fueran pequeñas ventanas abiertas a las emociones del autor. Cada poema es como una pincelada en el lienzo de la experiencia humana y juntos crean una imagen completa y conmovedora. La maestría del autor para explorar la dualidad de la existencia, la fugacidad de la vida y la búsqueda constante de significado es evidente a lo largo de la obra. Sus poemas invitan a la reflexión y la contemplación, y dejan una impresión duradera en el lector.

En conclusión, *Pensarme en tu piel* es un poemario que cautiva y conmueve. A través de su habilidad para tejer palabras en imágenes poéticas el autor nos invita a explorar las profundidades de la emoción humana y a reflexionar sobre los misterios de la vida y el amor.

Esta obra es un testimonio del poder de la poesía para conectarnos con nuestra propia humanidad y darnos la oportunidad de explorar los rincones más profundos de nuestra alma.

Tumbes (Perú), 24 de Setiembre de 2023
Krzyzto Dyosz Daddho
Escritor y Gestor Cultural

COMENTARIO A LOS POEMAS
DE *PENSARME EN TU PIEL*

Los versos del poeta son un claro testimonio del recuerdo, sus palabras sirven para presentar la nostalgia que suscita la memoria clara del ser que se ama, pero que en sus afanes por vencer el tiempo ido ya no está presente. Entonces, el poeta se sumerge en los terrenos de la poesía, del clasicismo grecolatino y de la filosofía clásica para no dejar de ser ni de existir como la prefigura la sentencia cartesiana.

El amor es el tema que se repite en medio de contrastes y paradojas que bien llevan el ritmo y el sonido de cada verso escrito, y es así que todo poema escrito sabe presentar la distancia que dibuja una línea entre el erotismo y el recuerdo amado porque importa al fin de los poemas, que, aunque sea «quedará el amor para un abrazo».

Bien sabe el poeta que su empresa quizá no tenga el fin esperado o realizable; porque en las magias del amor nada está dicho, y ante estas realidades sólo quedan los poemas o los buenos pensamientos pues como dice: «El buscarte podría convertirse en imposible», en empresa sin éxito, sin resultados esperados, sin nada más que la posibilidad o la imposibilidad, líneas que se transforman en la estética de los poemas, en una especie de filosofía de la historia y de la ontología, matizadas con los argumentos de Nietszche de la metafísica como gran posibilidad para el amar.

Dr. Samuel Ancajima Mena
Docente y escritor peruano

Pensarme en tu piel

Mi pensamiento soy yo: por eso no puedo parar.

Existo por lo que pienso… y no puedo evitar pensar.

JEAN PAUL SARTRE

Prefacio

En un inicio este poemario se iba a editar en Perú, pero por diversas circunstancias no se pudo llevar a cabo a pesar de la buena predisposición de todas las partes. ¿Por qué editar en Perú? Pues porque mi relación con ese país, por circunstancias familiares y por amigos de letras, ha sido muy intensa y fructífera, en donde he impartido conferencias y he publicado junto a otros doctores de diversas universidades americanas un libro de ensayos literarios, así como también he sido prologuista de una obra escrita por destacados doctores de diferentes universidades.

Entre los agradecimientos hay que destacar, en primer lugar, por ser el autor de la portada, al insigne y mundialmente reconocido ceramista y escultor argentino Eduardo Andaluz Faraone, el cual al plantearle este proyecto me brindó la posibilidad de hacerlo con una obra muy significativa como es el Gran Premio de Honor del año 2016 en Argentina y en la que se muestra un fragmento de la obra pues es de dimensiones considerables y por adaptarla a la portada era conveniente hacerlo sólo con un fragmento.

Al editor de la obra, Ángel Morales García, con una trayectoria inigualable en el mundo editorial canario, que preside Ediciones Aguere, de Tenerife.

Al prologuista, el poeta y destacado gestor cultural peruano Krzyszto Dyosz Daddho; así como al doctor Samuel Ancajima Mena, profesor universitario y reconocido escritor peruano por su aportación a este poemario.

A todos mi agradecimiento y mis felicitaciones por todo lo que han aportado y siguen aportando al mundo de la cultura.

I

Imagino fauces de barrancos
mordiendo el rielar de la luna
en su cauce humedecido
por los besos atrapados
en la timidez de las laderas.
¡Cuántos son los no dados!
Me desequilibro al pensarme
encaramado a la línea del horizonte
y lloro, sin que nadie se percate,
y pido, mejor ruego,
que las temblorosas imágenes
se evaporen de mi mente
para que, por siempre,
de mi lado aleje a la congoja.
Verte sin nada decirte,
deseando, como loco,
acercarme, disfrutarte...
mientras tanto, en la espera,
los soles me han quemado
llenándoseme la piel de lamentos.
Hoy siento que me faltas,
mientras el viento me fustiga

por no haberte amado en primavera
y mis ojos, ya cansados
por el disimular de las auroras
que rasgaron las atardecidas,
piden de nuevo, al menos, verte
y decirte con las miradas silenciosas
lo mucho que deseé, decirlo,
en miles de ocasiones.
Rodearte con mis brazos
sólo logré en los juegos,
como con aquel árbol,
bajo el que creímos
 moraba Fantasía.
¿Recuerdas la tarde en que fingí
no desearte? ¡Qué necedad!
Mi sexo se rindió, en otoño,
y ante tu muesca, hoy, me declaro
a pesar de que tu mirada
ya no desee lo que sé,
antaño, con pasión,
tanto y tanto deseara.

II

Pensarme en tu piel
de fantasía me colma...
secuenciando imágenes
de multicolores vivencias
que húmedas se reiteran...
y me pregunto si es posible
que Descartes no acertara
separando mi conciencia
del cuerpo que me toco...
pienso como Nietzsche,
de momento, en la unidad
de mi yo que en su todo:
cuerpo, alma, mente
se vivifica al sólo imaginarte
pues te deseo en mi cuerpo
y en mi mente y creo
que también en mi alma...
¡eso creo firmemente!
en la infinitud del gozo
que al pensarse se multiplica.

III

A mi abstraído libre albedrío,
creo que a mi ser todo,
le vi braceando, contra el oleaje
que sodomizaba a la playa,
buscando a que asirse
en medio de tanta ignominia...
de tanta sinrazón enmascarada,
entre las indiferentes miradas,
haciéndose hueco, a empujones,
en aquel abstruso mar,
tan poblado de erizos castrados,
que intolerante guiaba, sin ser guía,
al puerto de las cojas conjeturas.
No entendía, mi pensamiento,
el latiguear del mutismo que empareda
el corrosivo silencio irreverente...
fue el momento en que decidí
abandonarme al capricho, ¡a las caricias!,
de las olas que creían ser palmeras.

IV

Me siento, a veces, sujeto al suelo
como el árbol ebrancado,
el que fustancado se sentía,
el que a mí me lloraba
cuando con ternura le miraba,
¡llorábamos juntos las ausencias!,
en el que dormían los recuerdos...
mas todo lo supero con el vuelo,
ese que a ti me lleva, en la aurora,
el que tanto me estimula,
el que al escuchar tus pasos,
sin que mis oídos aún te dibujen,
te busca en el glauco jardín
para regalarme tu presencia.
Siento aún, sin que nada de ti
quede en aquel descampado,
la presencia que subyuga
la imagen que en mí se grabara
para en meta, *in aeternum*, convertirse.

V

Humedecida nube me siento
cuando en tus ojos me miro
buscando las noches parlantes,
las que junto a mí se acurrucan
cuando los cuervos se van
a graznar a las ausencias...
es, entonces, sólo entonces,
cuando los tímidos desnudos
de pieles manchadas de barro
deciden ocultarse en la jaula
en la que gravitan las plumas,
la que cuelga, sin agarre alguno,
en la pared de la Sima,
en la oquedad en la que los veroles
se disfrazaban de *hibiscus*...
sus pétreas lágrimas,
las que en caprichoso picón
se transformaban al mirarlas
después de ser secadas
por la tímida Vergüenza,
cubren las virginales playas

antes ocupadas por las arenas
que se pegaron a las pisadas
que nunca borraron las olas.

VI

Quisiera, en ocasiones,
ser cristal entre la argamasa
de los muros del silencio,
ser el deseo, por instantes,
que quedó atrapado
en las pétreas estancias
en las que moraba el compromiso.
Deseo ser el malva silencio,
el lapidado, el atado
al potro de tortura,
el que clama tu desnudo,
el que en tu piel se deshaga
para así observar lo que no daña,
el halo de vida que me llama
al lugar en el que me espera
la visión que al engaño erradique.
Es la Verdad, inmaculada,
después de que el rocío
a la falsedad arrastre por su cauce,
la que se lleve el sudor de vanidades
y las lujurias cargadas de cadenas
a un mar en el que se confundan
con el ir y el venir de las olas...

La que, al desnudo, se entregue
a los ambiguos arlequines
en su deseo de hacer suyo
el sueño que creía inalcanzable.

VII

Te encontré en el borde
del instante interminable
de las horas de la madrugada
mientras esperabas pensante
en la quietud, cuasi marchita,
de la esquiva inspiración
y te miré, sin que te percataras,
aflorando a tu cara la duda
mientras todo era silencio
envuelto en hojas de almanaques
con días que no se marcaron...
de repente mi mirada
se hizo luz clarificadora
y en el esplendor del sueño
sentí que a mi lado volvías
sintiendo tus caricias no dadas
y los besos vivificantes
que me supieron a renacer
en las caricias del alba.

VIII

Me pregunto, al verte, sobre lo inexcusable,
lo que nos une al compromiso, no firmado,
deseado en lo más entreverado de la conducta;
renegando a los egos que idiotizan,
afirmando mi deseo, el más entregado,
el solicitado a quien los sueños construye;
verdades como puños alzados exhaladores
de dadivosas caricias, dadas casi al alba,
cuando el sueño en verdad se convierte
yendo de manos a retozar en la floresta...
la mojada por la escarcha de tu roce;
sequedales que se erigen en manantiales
de sanadoras aguas, no sujetas a pilas,
bajando libres por el dulce cauce,
marcando el sendero de nuestro encuentro
el día que el Verso se convirtió en Sonrisa.

IX

Me pienso mecido
aunque tú, incrédulo,
me observes lloroso,
mutante cabizbajo,
insignificante mota de Esperanza.
Siento que nado, que vuelo
como ingrávido elemento...
aunque tú no lo percibas.
Mimado por sus cuidados,
desde que el barranco
sólo llevara aguas transparentes
y en el mar el salitre reluciera
en fondos anegados de algas
de todos los colores...
Me siento en el enorme seno
que a todos acoge,
¡tan maternalmente!
Gea mater de mortales...
de titanes dispuestos
con su vida a protegerte otrora,
hoy avergonzados, ocultos,
en la cueva de los eremitas

pensando en salir ondeando
la bandera blanca
que tanto se precisa...
para que tú tengas,
de nuevo, el respiro
que se nos hace necesario.
Las fuerzas flaquean
ante tantos atropellos,
ante infinitos malos tratos...
sólo campea, imparable,
la asfixia que a todos amedrenta
y tú, en silencio reflexivo,
con el deshielo galopante
a modo de lloro inconsolable.

X

Me senté junto al silencio
en aquel pedroche, entristecido,
que me pedía no me fuera,
ayer tarde, en tu amorosa falda
queriendo escuchar, emocionado,
lo que, al oído, me musitaba el viento.
Las nubes pasaron, a mi lado,
llamativamente entristecidas
dejando sus sentimientos,
a modo de húmeda caricia,
sobre la fresca floresta
que a mi lado se encontraba.
Me dio la impresión, eso creí,
que querían evitar, huyendo,
el fuego que todo se lleva.
Aquella visión algodonosa,
un mar de bajas nubes,
que pasó a nuestro lado
dejando su impronta
en toda la montaña
hizo que te mirara
perdiéndome en el deseo
de tenerte conmigo.

Gracias por entrar,
tan dulcemente,
en mis sueños
y acompañarme
a tan bello lecho.
Nos perdimos en bosques
que trepaban, espesos,
por todas aquellas laderas,
entrando en arboledas
en las que se escondían
los placeres que ansiábamos.
Lo cierto es que me percaté,
en tan sólo un instante,
que deambulaba totalmente solo.
El viejo Eolo, que se presentó,
una vez más, no logró mover
las hojas secas, a millones,
esparcidas por el frío suelo.
Los árboles, antes verdes...
¡hace tan sólo un instante...!
ya no eran árboles...
¡eran desesperadas lamentaciones!
Eran brazos, totalmente desecados,
por siempre erectos, que señalaban al cielo.
Yo caminaba y caminaba,
totalmente solo, sin que nada se moviera.
¿Dónde me encuentro? –acerté a pronunciar.
Nadie me contestó... ¡solo allí me encontraba!
¿Dónde estás sueño? –pregunté, ansioso.
¡No te encontrabas! ¡Te habías ido!

¿Es posible que el ausente fuera yo?
Mucho me temo que así todo termine.
Nadie llegó y allí, solo, quedé meditando,
esperando la consolación de la Filosofía.

XI

Me sentí vela en el silencio de los pasos
con sombras que sólo mi mente imaginaba
mientras mis ojos contigo soñaban
y en tu desnudo se derramaba mi deseo...
en los nidos de pájaros migrantes
nos poseímos mientras las estrellas
miraban al ocaso de las visiones
en la playa de las figuras de arena.
Todo fue sueño y donosura a tu lado
mientras mirábamos la rojez de la luna
rememorando juntos el instante de otrora...
el de la medianoche que te creí espejismo.

XII

Sonreíste al visionar mis alas
llevándote la incredulidad
a fijar sobre mi piel
la curiosidad de tu mirada,
con plumas, eso sí,
y sin artilugios me sentí
pues siempre fui ave y nube
y deseo apasionado reiterado
y rebelde con causa y sin causa
en aquel dulzor que supuso encontrarte...
algo vibró y creció en mí, sin pretenderlo,
auspiciado por la atrapante atracción
que supusiste como luz imantada...
y deseándote yo y tú deseándome
transcurrieron los infinitos instantes,
los imparables latidos del gozo
de aquel encuentro que tanto supuso,
sólo imaginado hasta entonces,
creyéndolo hasta hacía un instante
un imposible que se me hizo viable...

Mi mente se reinventó lo soñado
y en la lontananza nos entregamos
como dragos enamorados del suelo.

XIII

Te autoimpusiste el rojo preludio,
el que te hacía triunfante
de las causas más justas,
sin invariación jamás,
fiel representante
de lo que considerábamos correcto,
intransigente con el abuso...
así te recuerdo, casi ayer,
cuando con el espejo monologaba
interesándome por las razones
que se consideraban perdidas...
años aquellos repletos de retos,
leyendo y releyendo a Montesquieu,
así te recuerdo y me recuerdo
en las orillas de los estanques de barro
en los meses estivales, desnudos,
gozando del frescor que revivía...
de aquella floresta, hoy cubierta de asfalto,
creciendo hacia abajo, ¡quemándose!,
en el magma que permanece a la espera...

gozábamos, entonces,
de los colores más perseguidos
que pensábamos nos escuchaban,
los de los quiméricos sueños
tantas veces, en el gozo, reiterados.

XIV

Se refleja tu ausencia en mis lagrimales
en cada atardecer desdibujado...
me siento sin red... un trapecista
escuchante de los equilibrios
sitos en la cuerda que me acerca a tus labios;
cuan inmensa, dices, es la distancia
que separa el abismo de las nubes,
las de las sensuales formas...
¡cuán corta, sin embargo, a mí
se me ha hecho transitarla!
Surge así el cercano desacuerdo,
el reflexionar cercanísimo,
en sueños y también despiertos
muy juntos, mirándonos,
confundiéndonos el uno con el otro,
transgrediéndonos, a conciencia,
buscando más allá de nuestras pieles
las respuestas que creemos vivifican
sin saber muchas veces entenderte
aunque reitero y reitero en comprenderte
y mi sonrisa, ante ti, nunca se rinde...

Decidimos dejar mecernos por las olas,
y por las mareas y por el desenfreno...
abriendo los ojos ante lo más deseado...
ante el Deseo que siempre nos acerca.

XV

Sentí en mi estremecido abrigo
el toque que turbaba, mientras,
mi memoria, en la arena,
en mullida alfombra,
lentamente, se transformaba...
y la piel que te cubría
en su deseo me acunaba...
escuché como las mareas
musitaban a las rosadas caracolas,
las que se creían ambiguos querubines,
palabras con sabor a tu entrega;
todo me pareció erótico oleaje
que recalaba en solitarias playas
por mí, en mis poemas, inventadas.
Pensé por las largas horas
de las sensuales madrugadas
en los inolvidables instantes...
en los que retocé con tu sombra,
sintiéndote bajo mi peso...
en el cálido beso, dulcísimo,
que en mis entregados labios,
por siempre, se quedará.

XVI

Dejé a la altiva Descortesía,
cubierta por su insano proceder,
esperando en las esquinas
do las inseguridades envejecían...
¡nunca quise nada con ella!
tuve que repetírselo una y otra vez,
y es que contigo había quedado
la anochecida más lumínica,
tan repleta de titilantes luceros...
y es que al verte todo en mí cambió
deseando colmarte y que me colmaras
del bien más reconfortante...
de los besos y abrazos recíprocos
que nos transportaban al Avalón
que nos habíamos inventado
en los primigenios instantes
cuando apenas nos conocíamos,
el reponedor Deseo nos empujaba
a un alucinante viaje del que nunca
quisimos regresar y en el que todo
era reiterada entrega apasionada,
cálido aprendizaje y gozo infinito...

Y es que así lo recuerdo
sentados en el precipicio del Horizonte
que nos invitaba a indagarnos
en aquel lugar tan lleno de encanto,
posibilitador de filosofía del acercamiento,
así te rememoro y me rememoro
en la infinitud de los mágicos instantes.

XVII

En tu piel, tan llena de llamadas,
encontré sin, en principio, imaginarlo
el camino que conducía
a un Dragonal repleto de saberes;
evité normas coactivas
abrazando el poder de Fantasía,
retozando con faunos y hadas
en barrancos regados de palmeras.
Le pedí a mis asombrados ojos
que a mis cuencas regresaran
para así hacer de los tuyos
el espejo en el que se reflejaran
los Sueños que contigo compartiera.
Me imaginé inventándote
si no existieras pues sin ti
todo mi Yo se sentiría inconcluso...
¡Don que iluminas mi Libre Albedrío!
Con tu presencia en Todo se convierte
la Nada que por momentos se me acerca,
gustándome sin ataduras atravesarla,
buscando el cueslo que tanto necesito

para así poder atravesar, a nado,
las enceguecedoras aguas
que a mi Libre Albedrío enamoran...
¡Isla que me llena de dicha!

XVIII

Negros, blancos, rojos y azules
colores de tu fachada...
el tiempo y sus armarios
do el olvido se instala...
abrirlos, mirada encandilada,
rememorando los pajarillos,
los de suave color anaranjado,
que picoteaban almanaques...
vuelo hacia Oz, buscándote
por las sonrisas rizadas...
obligado Berceo el de entonces,
hoy loado, en mi cabecera:
«¡Eya velar, eya velar, eya velar!»
memoria que a mi voz rejuvenece
corriendo tras los tímidos faunos
que como dioses tenían a los dragos...
negros, blancos, rojos y azules
cómo inspiración de voces insurgentes.

XIX

Sentir como las piedras nos legan
su memoria y bajo los suelos
desenterrar la vida....
indagándote en lo placentero
me rememoro en lo primigenio
volando tras las mariposas
que hoy sólo imagino
pues ser alado siempre he sido:
dragón, paloma, pajarillo
oteándote y cayendo en picado
en busca del néctar dador de todo;
juntísimos buscándolo
entre dragos florecidos,
en los montes silentes,
en las sensibles llanuras,
en el placer inolvidable
sobre la hierba fresquísima...
cuerpos empapados del otro
a la espera que el solajero les secara...
desnudos reflejados en el estanque
así te recuerdo y me recuerdo

escuchando, a nuestro modo,
el sensual *Je t'aime moi non plus*...
¡Qué gozo rememorar el instante!

XX

Tocar el cielo, sueño reiterado,
de todo ser alado que se precie,
¡es de humana condición el desearlo!
aunque te confieses incrédulo
mas no quemes tus blancas alas
y piensa en Ícaro, deseo chamuscado,
en sus frágiles desequilibrios
sobre la sinuosidad del quebranto.
Traspasar la línea de meta,
no para todos alcanzable,
no está entre mis anhelos...
pues prefiero, en el camino,
detenerme a esperarte, Mesura,
dejando la desequilibrante balanza
a la espera en blandas esquinas.
Meditando cual es el tope
y cuando hacia abajo se mira,
posiblemente con vértigo medroso
aunque no aflore a tu rostro,
verás que nada es eterno
pues mantenerse en lo más alto

por un tiempo, digamos, indefinido
es sólo privilegio de utópicos
que creyeron ser divinidades.

XXI

Te recuerdo construyendo
de mis sueños el entramado
y yo oteándote, cuasi levitando,
entre los estratocúmulos...
haciendo que surgiera de la nada
lo que a mi mirada impresionaba,
el bien que más me supuso,
así me recuerdo mirándote,
creyéndome el Pumayyaton
enamorado del promontorio
de formas antropomorfas
que a lo lejos, en el horizonte,
se erguía cual coloso,
viniéndome, desde Rodas,
el recuerdo imborrable
de las lecturas de otrora.

XXII

Tres palomas, sólo ellas, vuelan
hacia el horizonte desde el árbol
que llamo de las esferas
pues a mi curiosidad
se resistió sin miramientos
de darlas en cúbicas formas...
vi volar a la una, al acercarme,
y a la otra y a la otra
disminuyéndose hasta
ser insignificantes puntos
zurcidos en el firmamento,
alejándose de los osados,
de atrevidos saltimbanquis
que danzan, ante alelados acólitos,
al son que reivindica a Loki...
o de atrevidas aves rapaces
disfrazadas de sapientes.
¡Todo es atrevimiento sin mesura...!
un sonoro canto al sortilegio
que se extiende como incendio
sobre piras que ansían sacrificios.

XXIII

Me pregunto, de mano de la Duda,
por quién andará sobre mis pasos,
cuando ya no transite lo pisado,
cuando lo que, a diario, recorro
sin pensarte y sin pensarme
en un barranco tan lleno de nada,
así me imagino, desnudo,
sentado sobre piedras expectantes
viendo, desolado, cómo me lloras
en una ausencia prolongada...
¿seguiré siendo un pensante enamorado?
eso hoy, veinte de abril, me pregunto
mientras te pienso y me pienso
mirando al horizonte sonrosado.

XXIV

Te mueves por el Paraninfo
de los nobles augurios
anegando las nubes,
hoy cubiertas de grafías
de color anaranjado,
de beldades que ennoblecen...
pensándote, Ser creciente,
sin que a nadie desplaces...
portador de plateados silencios
imaginándome, siquiera,
en las más profundas oquedades,
a las que nunca he descendido,
de la mano de Heidegger...
lo que otrora hiciera con Dante,
comprendiendo en sus escritos,
no sin antes indagarme,
codificando, según mi criterio,
lo que se me hacía esquivo...
concluí que, en realidad:
¡somos ese abismo!

XXV

Vislumbro tu mirada luminosa
tras las hojas del libro transparente
mientras te imagino en lo profundo...
así te recuerdo en mis andares,
pensantes en torno de la Escucha,
mientras nítido me recuerdo
en las desordenadas atardecidas
otrora contigo compartidas...
Como puzzle desordenado
con la intención que le ordene
te me presentabas tarareando
las viejas notas de protesta
mientras sobre el césped
me ofrecías, tarareando a Cat Stevens,
el *Peace train* inolvidable,
el relax que me humanizaba
buscando la respuesta placentera...
fantasía elevada al infinito,
acuerdo de certezas imposibles...
así, sentados en los bordillos
de un Futuro cargado de incertidumbres,
te vislumbro entre nubes de colores,

aquellas que de niño degusté
mientras en tus labios recalaba
la miel que de inmortal te cubría.

XXVI

Aparté los cardones con mis manos
buscándote entre los alfileres del tiempo
mientras las piedras del entorno
miraban las heridas zurcidas
en manos deseosas de abrazarte.
¿Quedará el amor entre las rosas, esperándote,
cuando tenga que partir al otro lado?
–me pregunto, con el alma en vilo.
Te buscaré en el cielo del Averno
entre restos de dragos milenarios
aun presintiendo que el buscarte
pudiera convertirse en Imposible.
No podría vivir errante por desiertos
do tus pisadas se borraran...
viéndome dibujándolas en oasis
donde a tu nombre el Eco rememora.

XXVII

Tras las oscuras señales,
de extrañas formas oblongas
con marcas que señalaban
el abismo que dicen Olvido,
te observé, como indagante,
mientras al fondo los restos
de la casa abandonada, cuasi derruida,
del cerro asaeteado por las cañas,
la de paredes desgarradas por la ira,
la de puertas que sólo eran remembranzas
de un pasado con manos agrietadas...
en frente, en las abandonadas sementeras,
escalones que sodomizaban al Recuerdo.
Así te imaginé, cuasi de pasada,
laborando lo que a pocos le interesan,
al presentirte errante caminante
en busca de las miradas comprensivas
de seres que demuestran ser sensibles.

XXVIII

Sólo alcanzo a imaginarme
en lo profundo de mi albedrío,
libre de toda insípida influencia,
la inmensidad del horizonte,
de aristas creo que circulares,
quizá desérticas transparencias
u obtusos puzzles imposibles
do nada es presencia y sí ausencia
no pudiendo pensar en el trayecto
que al seso deshace y descompone,
al que desalmados y desnudos
nos dirigimos, sin certezas,
en mi caso con una fe mendicante
de incredulidades repleta...
así me presentaré al Mañana
esperando que no tenga prisa
pues mi mirada, cada día, se extasía
con beldades que sacian mi intelecto,
prendado de ti hasta lo no cuantificable
así me siento en la infinitud de los instantes
pues tu compaña me arropa de certezas.

No sé si dispondré del después que se precisa
pero aún así en él te buscaré, con ahínco,
hasta encontrarte en la inmensidad del Vacío
queriendo que lo designado como eterno
en cálidos instantes se me presente.

XXIX

Naufraga la zurcida mirada
en un mar confundido
que resume desagravios...
ocultando deseos silentes
en la tímida mochila
mientras el frío oleaje
se lleva lejos la desidia
que el peso transfiere...
todo es deseo en conserva
con sabor a ácida fresa
sumergida en lo incierto
de un gozo enmascarado
que juega una partida
que sabe perdida...
¡Cuánto desaliento retenido!
¡Cuántos deseos hechos trizas...!
mientras lo imparable avanza
y el paisaje se desvanece.
Sólo la mirada se entristece,
se reitera en un tétrico vacío

de temperaturas extremas,
diluyéndose en instantes que saben
a encarceladas premuras.

XXX

La silla de blanco respaldo,
la del ajado balcón,
¡la de años apoyada!
parece que esperara
la presencia imposible
de quien en ella, otrora,
se sentara... en la tardecita,
dando la espalda al que pasa.
Sólo el musitar del viento
es capaz de vencer su magua
haciendo que se mueva
al son de bandazos
de días de tormenta...
Tostada por el solajero
que desea adormecerla
es hoy sólo un recuerdo
de un ayer muy placentero,
de polvo a la espera
deseoso que las huellas
en él reflejen su cansancio.

XXXI

Rebusqué en lo más intrincado
de vivencias do todo es mescolanza...
un batiburrillo de confusiones
que pedían, a gritos, que les ordenara
se colocó en desorganizada fila
siendo complicado el resolverlo...
ilógico que en estos momentos
afloren con inusitada constancia!
... sentí desequilibrio y nostalgia
de momentos a los que deseaba,
de nuevo, volver para así poder
degustar abrazos, hoy imposibles,
que tanto me colmaban de dicha.
Un faro, otrora en construcción
en los confines de Quimera,
desde el que hoy miro sorprendido
no sabiendo bien el cómo y sí el por qué
de cada piedra que se muestra
cual película en sus muros...

XXXII

Me empapé de tu infinita alegría
y del bien supremo del gozo
que aún hoy se reitera en mi Dicha,
maltrecha por mor de la pandemia
y por el tiempo que no nos tuvimos...
buscándote, me encuentro,
en los nueve cielos que Dante,
en su Paraíso, reflejara...
ven a mí Empíreo, halo de vida,
de mis apetitos rebosado...
entregado en alma incandescente
al ser que a Cólquide me lleva
en busca del bien que más libera...
desnutrido por tu ausencia,
buscando en el Jardín
donde moran las Hespérides,
echo de menos la vital presencia
que a mi albedrío *in aeternum* enaltece.

XXXIII

A mi padre

Te escucho, tan nítidamente,
en la tristeza de los silencios,
en el vacío de las pisadas,
en las miradas de las paredes,
en la infinitud de los instantes.
Enfrentarme al desgarro que lacera,
a las conversaciones pendientes,
a la vuelta a la niñez de Zapote...
así te volví a ver, en mis deseos,
como inquieto adolescente
castigado injustamente,
cómo hacedor de sueños...
el coche de rojo metal
que habías construido
o la casita de madera
sobre el árbol seco
de aquel desolado descampado,
pegando las estampas de Ben-Hur,
alejándote en la *James* imborrable...
todo queda en mi memoria
mientras el resto se borra...

Intento, en vano, volver al inicio,
al de los rizos abundantes,
al momento en que no fui consciente,
al que por primera vez, papá,
mi presencia te produjo una sonrisa.

XXXIV

¡Cuánto echo de menos...!
la curiosidad que acercaba
las antónimas posturas...
la mirada entusiasmada
de quien te seguía los pasos...
la alegría que suponía
el bien por mil multiplicado...
los sueños que se despertaban
en una Nada entusiasmada.
No recuerdo, sin embargo,
las rastreras envidias
ni al mal augurio
dibujado en las retinas
y sí a la Alegría expansiva
que supuso tu compaña...
es ese el recuerdo
que tanto añoro,
quizá sea la Utopía
que por doquier se extendía
¡eso pudiera ser... sí!

Nostalgia sin partidas
lo que hoy, precisamente,
tanto se echa de menos.

XXXV

A César Vallejo

Vallejiano yo me siento
hambriento en busca
de respuestas solidarias,
emigrante empujado tú fuiste
llenándose París de tu dicha
voz del pueblo verdadera...
es proclama de igualdad tu poesía,
Voz entre todas las voces
ejemplo perenne el esgrimido,
anegado defensor del verso libre,
en tus propuestas me vi
desde lo primigenio reflejado
Orgullo de ser humano
en mis venturas descrito;
César Vallejo admirado
eres la voz inmortal
de la comprometida palabra...

XXXVI

Quise probar el aliento
de tu rebelde albedrío
cuando tu desnudo,
creí, me incitaba
a degustar de la gula,
en lo más profundo
de los recovecos de tu mirada,
para junto a ti vivenciar
tus lecturas elegidas
y así el valor de la diversidad
enriqueciera mi postrer trayecto...
es la voluntad nietzscheana
la que me invita a beber
en tus más íntimas fuentes
produciendo en mí un reinicio,
un comenzar de nuevo
a volar junto a los elegidos
a pesar de las ausencias...
las definitivas y las inesperadas,
así hoy me siento como aquel alzado
que ansiaba retozar con los ancestros.

XXXVII

¡Cómo duelen... las roturas!
cuando tu propia sangre
se te muestra en veneno
que no deseas probar más...
la que transcurre por acequias
con aguas que saben a recuerdo...
y la que baja, turbia,
cargada de egoísmo,
por cloacas que semejan infiernos;
lo que nunca esperaste
se refleja en tu cara,
irreparable desencanto,
a modo de sangrante llaga,
de una dolorosa punzada
que al alma traspasa...
Dolor que se encapsula
en un tiempo infinito...
el que te llevas, con dolor,
al más allá, sin respuesta,
mientras ves secarse
lo que creías sería siempre
un jardín de rosas malvas sin espinas.

XXXVIII

Por tus más íntimas ausencias
quise ir de tu mano inmerso
en lecciones de filosófico silencio
encontrando en tu firma
las salpicaduras de la tinta
que tú produjeras otrora
dejando para mí su húmeda presencia,
hoy tan seca por el paso
de un tiempo que se quedó
retenido en los agujeros de las hojas;
ayer me encontré con ella
pasados cuatrocientos abriles...
y en mi piel tu yo se detuvo,
indagando en estrecheces,
en rotos acueductos,
en silentes acordeones,
en venas obstruidas
por heladas escarchas
amantes de Soledades
que me saben a caricias...
haciendo de la espera una aventura.

XXXIX

Querría escribir, con detalle,
sobre lo que hoy por hoy
sólo le musito al viento...
sintiendo como en mis fuentes
sacian su sed los cuervos,
los que otrora escuchara
en las covachas del barranco,
acallando mis desilusiones...
¡Cuánto duele lo impensable!
lo que creías extraño
y se te hace reiterado recuerdo
que penetra lo más hondo
a modo de punzón insaciable...
Decido olvidarlo, sin conseguirlo,
para que la gélida frustración
me deje siquiera por horas
y así gozar, como siempre, de pasos
dados sobre noctámbulas nubes
pero la desafiante noche
no da resquicio... presentándose
en las horas en las que el sol más brilla

haciendo de mi mente,
en un hoy que se eterniza,
un camino empedrado de nostalgia.

XL

La pesadumbre me transportó
al escenario en que percibí, de nuevo,
como tus tenazas marrones
me descoyuntaban, me retenían,
como presa de cangrejo
que con su obstinada pinza
te atrapa y no te suelta,
como tímida estrella de mar
a la que sus brazos le arrancan
por mor de caprichos que no entiendo.
Me sentí como canario sin alas
al capricho de hambrientas rapaces...
eso y más me sentí...
como manos cortadas a tijera,
como barca a la deriva
sin esperanzas de recalar
en puerto alguno...
¡eso me sentí la noche que no olvido!
No tuve el valor, ¡no quise dañarte!
de rechazar tu atrapamiento
viéndome violentado, ¡malditos caprichos!

Aunque sólo fuera por instantes,
¡ha de eso tanto, tanto, tanto...!
Hoy arrepentido me siento,
pues no considero que fuera cobardía,
al no poder decirte, entonces, a la cara
lo que en mí supuso tu vileza.
Le lloro a la almohada, ¡fiel amiga!
lo que quise decirte y no te dije.
Olvidarlo quiero mas me es un imposible...
pues tu entrecoger me supuso un peso,
una losa, que creo cargar nadie merece.
Me aferro a la muerte de los días
y a los sueños en que retozo con Olvido...
Tiempo de ti espero me borres
el trazo que con goma no he podido
aunque he de confesar que mi objetivo
ha sido siempre el sueño que he soñado...
sólo me queda pendiente ese trazo
y sigo buscando la forma de borrarlo
de un almanaque repleto de dichas.

XLI

Miraba al futuro, otrora,
con ojos semi abiertos
presintiendo lo que llegara,
deseoso de indagar
en lo más complejo,
en lo aún no caminado,
dejando mis huellas,
a modo de señales
de pasos a la espera
para volver por ellos
pasadas muchas primaveras...
en ese regreso a Ítaca,
de Kavafis el camino,
gozando de las pisadas,
ide todas las pisadas!,
sin excluir las torceduras,
las paradas que en infiernos
y también en paraísos travestidos
se me hicieron reflexiones
de mi multicolor albedrío,
icuánta responsabilidad conlleva...!
... pensándome del Arco Iris
ser su más humilde escudero.

XLII

Cuando comencé este poema,
este era un espacio de blanco,
de un inmaculado vacío
deseoso de ser soporte
de vocablos conectados;
no sabía cómo iba a presentar
los versos que estaban a la espera,
tan deseosos de emocionarme,
fríos por la desnudez imperante
y a estas alturas ya algo cambiantes...
surgieron, de repente, mariposas,
canarios y aves del paraíso,
las mismas del álbum de cromos,
la de la portada que llevo tatuada
en la memoria que se desviste
en los más rojos instantes...
Simónides de Ceos, su mnemotecnia,
hice acopio de inolvidables instantes
y te vi en el retozo preciso,
el que me aviva... *semper et aeternum.*

XLIII

Tu mirada, sí, tu mirada,
esa que todo me lo llena
de vuelos al lugar de Lejanía,
se me hace necesaria,
como se me hace necesaria
la lectura que, cada día,
dedicas a mis versos...
mientras te pienso y me pienso,
pensándonos al desnudo
en vuelos a Respuesta,
el lugar en que nos conocimos
buscado en las Cartas,
las que Epicuro escribiera:
amistad, placer, felicidad...
el triángulo que creímos perfecto.
Sin ambages, en las madrugadas
en las que los elfos nos celaban,
intentando imitar los silencios
que jadeaban casi al alba...
así te pensé esta madrugada
cuando creí escuchar tarareos
que me recordaron a los tuyos.

XLIV

Me siento el Deseo
que a tu piel acaricia
y que sobre el césped,
a mi lado, te imagina;
me siento, así mismo,
la mirada que en mí
deposita sus anhelos,
la caricia que con jadeos
al alma estremece,
el principio del Todo
que al poeta ilumina,
el encuentro imaginado
del éxtasis supremo,
el pijama que ciñe
tu excelsa donosura...
eso y más me siento
al imaginar tu figura
rondando a la Noche...
¡cuánto me supone
el sólo pensarte...!

XLV

Se tambalea mi ramaje
al sentir el bien que me supone
lo que tu presencia transmite
pues soy árbol y soy paz
que tu frescura absorbe,
el maná que me sacia,
el agua que riega
a los Campos Elíseos
do anteayer me imaginaba
rodeado de pensadores
que repudiaban al Odio
en aquel sonrosado entonces...
fue allí donde situé a Empatía,
renunciando de Erebo,
el lugar en que el señalar
se condenaba con escribir
cien veces yo no señalo...
pensé que la pena sobraba
apostando sentir el bien
que respetar al Otro suponía
pues todos de África salimos
buscando nichos protegidos
en un ayer desnudo de rencores...

Me sueño en espacio
tan lleno de beldades
cuando escucho necedades
que no tienen fundamento.

XLVI

¡Qué agradable rememorarte
en los instantes finitos...!
en las imágenes que de ti
en mí se quedaron para siempre,
en los besos sin horario
mirados por un Ocaso observante...
en las manos que querían recorrer
la piel que se habían tan sólo imaginado,
en el mar que se agitaba y crecía
al sentir el trotar de los unicornios...
todo era entrega entusiasmada.
Hoy son instantes de la Nada
vistos en el espejo que ya no te refleja
sintiendo como el voyerista Atardecer,
en un ejercicio de amor consciente,
me tiende amorosamente la mano...
es entonces cuando tu cara recuerdo
ver reflejada, sonriente, en el charco
producido por el mañanero aguacero...
tú, yo y entre nosotros la señal
de un paso prohibido inesperado.

XLVII

Desfilan mis vivencias, hoy,
por un bacheado albedrío
atento a las extraviadas miradas,
¡son tantas y diversas...
 y más numerosas cada día!
ahondando en lo profundo
de los desorbitados ojos
que al Equilibrio sodomizan...
por instantes sus preocupaciones
se me hicieron aguaceros
mientras mi atención demandaron
unos vencejos desubicados
que observaban los pretiles...
me los imaginé sin alas
cayendo al inmenso vacío
mientras alelados escuchaban
a predicadores charlatanes
encontrando estos un abono,
¡el mejor de todos los habidos!
en los posos del café
que se traga el sumidero.

XLVIII

De repente me desperté desubicado
y rocé tu mano algente,
la que dejaste al aire
para así poder acariciarme...
acerqué mi boca a tu boca,
mirándote y siempre pensándote,
entregándome sin reservas
pues tú, precisamente,
de reservas nada entendías...
sí de Aristófanes –dijiste,
recuerdo cuando de su amor
me comentabas otrora...
y sonreí tu ocurrencia.
AMOR el de tu entrega –te contesté,
perdiendo la noción del tiempo...
los relojes quisieron, según dijeron,
montar con nosotros una orgía
haciendo que la flacidez
sólo fuera una ocurrencia pictórica.

XLIX

Se me entristece la sombra
y hacia su final miro,
rotundidad de violines
que tristes suenan en el ocaso,
en el olvido lloroso,
mientras mi mirada,
llena de congoja, se agranda
en los secretos del armario...
aún recuerdo tus pisadas
cuando en la oscuridad
semejaban pavores helados...
me vienen a la memoria
cuando, desde los espejos,
pienso que sigues mis pasos...
sones de un ayer tembloroso
me acompañan, aún hoy,
cuando tu figura empequeñece,
en mi memoria, al imaginarte
alejándote por el camino
que me llevaba al estanque.

L

Sentí como se me enterraban
los pies a cada paso
en la ciénaga hambrienta
y en lo hondo me creí pez abisal
aplastado por el peso...
me miraste y te miré en la profundidad
de un pedimento colmado de cercanía
pues a la mente me vino
la anciana que otrora
me regalara su mirada,
la que me dejó marcado de por vida...
sólo acerté a decirte gracias
y tú me miraste en lo profundo
sintiendo como tu bonhomía
llenaba mi alma de frescura...
me bañaron, entonces, las olas
que, motu propio, ansiaban recalar
do llamaban Acogida.

ÍNDICE